Ideas para provocar MOMENTOS INOLVIDABLES

Doug Fields y Duffy Robbins

 Vida®

La misión de Editorial Vida es ser la compañía líder en satisfacer las necesidades de las personas con recursos cuyo contenido glorifique al Señor Jesucristo y promueva principios bíblicos.

IDEAS PARA PROVOCAR MOMENTOS INOLVIDABLES
Edición en español publicada por
Editorial Vida – 2013
Miami, Florida

© 2013 por Youth Specialties

Este título también está disponible en formato electrónico.

Originally published in the USA under the title:
Memory Makers: 50 Moments Your Kids Will Never Forget
© 1996 by Youth Specialties
Published by permission of Zondervan, Grand Rapids, Michigan 49530

Traducción: *Virginia Altare*
Edición: *Madeline Díaz*
Diseño interior y de cubierta: *Luvagraphics*

ISBN: 978-0-8297-6476-5

CATEGORÍA: Ministerio cristiano / Juventud

IMPRESO EN ESTADOS UNIDOS DE AMÉRICA
PRINTED IN THE UNITED STATES OF AMERICA

13 14 15 16 ❖ 6 5 4 3 2 1

Para nuestros amigos del equipo del Seminario Nacional de Recursos de Especialidades Juveniles: Ridge Burns, Chap Clark, Ray Johnston, Tic Long, Marv Penner, Laurie Polich y Mike Yaconelli. Parece que siempre que nos reunimos a fin de crear momentos inolvidables para los adolescentes, terminamos creando momentos inolvidables para nosotros también.

Contenido

Índice

Ceremonia y rituales

Conmemoraciones

Reuniones de jóvenes y Escuela Dominical

Retiros y campamentos

Viajes y paseos

Con filmación

Actos benévolos a travesuras clásicas

CDs

Cartas

Introducción

Este libro no tiene que ver con meras nostalgias o sentimentalismos, vivir en una burbuja del tiempo, o tratar de permanecer en el pasado. Lo que este libro se propone es provocar momentos inolvidables hoy para que tu grupo de jóvenes sea diferente mañana.

Honestamente, creemos que los recuerdos se han subestimado. Es fácil pensar en ellos en tiempo pasado: *la leche derramada, el agua bajo el puente, aquellos días sí que fueron buenos.* Sin embargo, olvidamos el poder presente que los recuerdos tienen, olvidamos que los recuerdos son como un pincel que brinda colores vívidos a momentos especiales, viejas canciones, historias preferidas, experiencias increíbles, lecciones dolorosas y tiempos difíciles. Los recuerdos son los hitos con los que vamos marcando nuestro viaje con Dios.

Hay quienes todavía miden la salud de un grupo de jóvenes por el número de afiches bíblicos o carteles con inscripciones cristianas que cuelgan en las paredes del salón. No obstante, si realmente quieres conocer la historia espiritual de un grupo, busca fotografías de los jóvenes. Ahí es donde se cuentan las verdaderas historias de fe: chicos viajando juntos en una canoa; chicos pasando la noche en una parada porque el autobús se descompuso; chicos posando frente a una vivienda de dos habitaciones que ellos mismos construyeron para una familia de bajos recursos económicos, con los brazos entrelazados, dándose cuenta del cambio que hicieron posible en la vida de otros. Esas fotografías capturan la gracia y la bondad de Dios.

Debemos reconocerlo: pocos de nosotros (adolescentes, niños o adultos) recordamos los sermones, estudios bíblicos, talleres y clases. Ni siquiera nos acordamos de las obras de teatro o los juegos. Es más probable que recordemos situaciones al azar. Por ejemplo, momentos en los que nos sorprendimos por algo inesperado, nos sentimos tocados por un sentido de comunidad genuina, o fuimos consumidos por una experiencia tan real que volvemos a pensar en ella una y otra vez a lo largo de nuestra vida. El apóstol Juan escribió en su primera carta: «Lo que hemos oído, lo que hemos visto con nuestros propios ojos, lo que hemos contemplado, lo que hemos tocado con las manos, esto les anunciamos». Los momentos especiales son los hilos con los que Dios va tejiendo la fe genuina.

Vayan por todo el mundo... y provoquen momentos inolvidables

En su segunda carta a Timoteo, el apóstol Pablo escribió pensando que esas podían ser las últimas palabras que dirigiera a su joven discípulo. Así que sin dudas las escogió con todo cuidado. Sin embargo, cuando lees las palabras del apóstol, es imposible dejar de notar que la carta para su protegido en el ministerio no fue un sermón, una lección o una conferencia, sino más bien una súplica que trajo muchos recuerdos a la mente de Timoteo. «Tú, en cambio, has seguido paso a paso mis enseñanzas, mi manera de vivir, mi propósito, mi fe, mi paciencia, mi amor, mi constancia, mis persecuciones y mis sufrimientos. Estás enterado de lo que sufrí en Antioquía, Iconio y Listra, y de las persecuciones que soporté. Y de todas ellas me libró el Señor» (3:10-11).

Esto significa, entre otras cosas, que impactamos de manera significativa a los jóvenes generando momentos que recuerden vívidamente, a través de los cuales observen, escuchen, vean a Dios o sean tocados por él. En resumen, necesitamos considerarnos no solo como directores de un programa, sino como creadores de momentos inolvidables.

¿Qué es lo que hace que un momento sea inolvidable?

Si tuvieras que hacer un inventario de los recuerdos que te han ido formando, probablemente descubrirías que uno de los siguientes factores fue el que hizo que esos momentos resultaran memorables:

• Sorpresa. Cuando ya sabemos que algo va a suceder, nuestra reacción se apaga.

• Rareza. Recordamos los momentos en que ocurre algo extraordinario.

• Originalidad. Nos acordamos de las experiencias nuevas.

• Intensidad. Las emociones intensas, ya sean placenteras o dolorosas, hacen que esos momentos permanezcan en nuestra memoria.

• Intimidad. Somos más propensos a recordar los sucesos en los que estamos involucrados.

• Riesgo. Experimentamos una euforia especial cuando intentamos hacer algo que nos da miedo.

• Ceremonia. En las ceremonias destacamos un momento importante con un reconocimiento especial.

¿Qué tan inolvidable es tu ministerio?

Te proponemos una autoevaluación informal que puede darte una idea de qué tan inolvidable está siendo tu ministerio para tus adolescentes. Anota en el cuadro siguiente las cinco últimas actividades que ha realizado tu grupo de jóvenes. Luego, en cada una de las actividades, marca cuáles de los factores que hacen que un momento sea inolvidable formaron parte del evento.

ACTIVIDAD	Sorpresa	Rareza	Originalidad	Intensidad	Intimidad	Riesgo	Ceremonia
1.							
2.							
3.							
4.							
5.							

Entonces, ¿es tu ministerio un caldo de cultivo de recuerdos inolvidables para tus chicos? ¿O por el contrario, ahora puedes ver por qué tus jóvenes se olvidan con tanta facilidad del grupo de una semana a la otra?

Creando momentos inolvidables

Si bien los programas son muy importantes para tu ministerio, esperamos que este libro te ayude a mucho más que diseñar programas: concretamente, esperamos que te sirva para generar recuerdos. Las ideas que aquí se encuentran pueden ayudarte a conducir a tu grupo de jóvenes (de forma individual y como colectivo) a vivir experiencias maravillosas de la bondad y la gracia de Dios.

He aquí algunas sugerencias que te ayudarán a convertirte en un creador de momentos inolvidables:

• Comparte la riqueza. No tiene sentido que lleves a cabo la parte divertida tú solo, sobre todo si no tienes demasiado tiempo. Por lo tanto, reparte algunas ideas entre los voluntarios, los cuales probablemente tienen más tiempo y energía para generar momentos inolvidables que requieran algún tipo de preparación.

• Adapta y experimenta. No existe tal cosa como las ideas especialmente diseñadas para los jóvenes. Las ideas en sí mismas no funcionan, los líderes de jóvenes sí. Tu tarea es tomar una idea básica y adaptarla a las necesidades y personalidades únicas de los jóvenes de tu grupo. O también puedes utilizar estas ideas como trampolín para diseñar tu propio creador de recuerdos desde cero.

• No te desanimes si una idea no funciona. Cada grupo de jóvenes (y cada miembro del grupo, por supuesto) tiene una personalidad diferente. Una idea que funcionó muy bien en un grupo puede fracasar por completo en otro. En estos casos, relájate y recuerda que Dios está en control.

• No exageres cuando tengas una buena idea. La premisa de *Ideas para provocar momentos inolvidables* puede ser arriesgada. Después de todo, estamos afirmando que las experiencias provocadas intencionalmente pueden crear el mismo tipo de recuerdo para un adolescente o un grupo de jóvenes que un hecho no planificado y fortuito. Así que, ¿cómo planificas momentos «espontáneos» para imitar a los que tienen lugar en realidad de forma inesperada, como cuando el ómnibus se averió y el grupo estuvo varado toda la noche en una estación... o como cuando no pudiste encontrar el lugar donde el coro de jóvenes debía actuar y fueron a un asilo cercano sin avisar, preguntando si les gustaría escucharlos cantar... o como cuando en medio de la convención de jóvenes se divulgó la advertencia de tornado y los cinco mil jóvenes tuvieron que ser llevados hacia el estadio para refugiarse?

• Cuando planeas algo «espontáneo», puede resultar en un horrible desengaño, y eso no es lo que estamos proponiendo aquí. Existe una delgada línea entre las sorpresas genuinas y las artimañas (aunque en nuestra opinión estos creadores de momentos inolvidables son en verdad trucos buenos, limpios y no manipuladores). En todos los casos, tu actitud es lo que será determinante.

• Menos es más. Debido a que estos creadores de recuerdos dependen del factor sorpresa, no puedes usarlos más de una vez cada cinco o seis años. A menos que cambies de grupo, por supuesto.

• Recuerda filmar y fotografiar estos momentos inolvidables y tendrás material adicional para tus actividades. Designa a un joven o voluntario como el encargado oficial de capturar estos momentos y pídele que filme muchísimas escenas y tome montones de fotografías. Lo único que los jóvenes disfrutan más que verse a sí mismos en pantallas y fotografías es verse en pantallas y fotografías *grandes*.

• ¡Diviértete! Al menos de vez en cuando, tómate la diversión en serio.

MOMENTO
de «no testimonios»

Es muy común que al finalizar un retiro o campamento los jóvenes expresen públicamente las decisiones espirituales que han tomado. Sin embargo ¿qué sucede con aquellos que no han tomado ninguna decisión? Pídele a algunos de estos chicos (que así lo deseen) que digan por qué sienten que todavía no pueden comprometerse o tomar una decisión. Este es un momento perfecto para que afirmes a todos los que están llevando a cabo una búsqueda sincera, y promueve las preguntas francas y los ministerios honestos.

El extraño
DEL CAMINO

¿Cuál es el «coeficiente de compasión» de tu grupo? Si estás listo para organizar un retiro acerca de este tema, piensa en la posibilidad de comenzarlo de la siguiente manera. En el camino hacia el retiro, haz que el autobús se dirija hacia una persona a quien se le ha descompuesto su automóvil (mientras más feo y viejo sea el vehículo, mejor).

Detén el autobús y ofrécele al conductor varado que suba (sin que nadie sepa que la persona a la que estás recogiendo es en realidad el orador del retiro). Haz que el orador se vea tan desastroso como el automóvil (sucio, con mal olor, sin afeitar y que también actúe un poco extraño). Cuando estés por llegar al lugar de la reunión, haz que el «extraño» se baje en algún sitio donde pueda «encontrar ayuda» y continúen su camino hacia el retiro. Mientras tanto, el orador se aseará y llegará al campamento (quizás con la ayuda de uno de tus voluntarios).

Cuando comience la primera reunión, presenta al orador y diles a tus jóvenes quién era en realidad ese «extraño». Permite que la base del retiro sea reflexionar sobre cómo mostraron o no compasión hacia esta persona. Te aseguro que la compasión se transformará en mucho más que un tema del retiro para ellos.

TROFEOS
que bendicen

La esencia de un ministerio saludable puede estar simplemente en el mensaje que esconde un trofeo.

Los ministerios sanos están llenos de aprecio y afirmación, y una manera fácil y poco costosa de mostrarles aprecio a tus jóvenes es a través de trofeos personalizados. No gastes dinero en comprar unos nuevos, compra trofeos viejos en las tiendas de artículos de segunda mano (yo he conseguido docenas de ellos por algunas monedas). Luego reemplaza la placa vieja (CAMPEÓN DE NATACIÓN DEL CLUB DE REGATAS — 1968) por una nueva y reluciente que tenga tu propia inscripción (ANDRÉS LUCIANI: SIERVO DEL MES). Invirtiendo muy poco dinero en la placa, habrás creado un tesoro único.

La entrega de este premio puede convertirse en una actividad habitual que te permita crear recuerdos inolvidables en tu grupo. Aumenta la emoción antes de anunciar al ganador mensual o cuatrimestral cubriendo el trofeo con una funda durante la reunión y luego revelándolo como una sorpresa en el instante indicado. Te sorprenderá ver con cuán poco puedes afirmar a los adolescentes en esta etapa tan poco firme para ellos.

DESASTRE PREPARADO I:

se descompone el autobús del retiro

¿Por qué será que los chicos siempre hablan más de cuando el autobús se descompuso que del retiro hacia donde los estaba llevando el ómnibus? Haz que el autobús se «descomponga» a unos tres kilómetros del lugar de campamento y diles a los jóvenes que tendrán que pararse en la carretera y pedir que alguien los lleve para poder llegar. (¡Si el autobús de tu congregación es como la mayoría de los vehículos de las iglesias, es probable que ni siquiera llegue al lugar en donde acordaron que se descompondría!)

La mejor parte viene cuando los chicos ya están llegando al lugar de retiro y el «autobús descompuesto» los pasa con un letrero gigante atrás que dice: «AQUÍ HAY PIZZA». Luego de caminar algunos kilómetros, apreciarán muchísimo una buena cena (¡y también unas buenas carcajadas!).

Una variación de este creador de recuerdos requiere que el grupo permanezca en el campamento un día más de lo acordado. Ponte de acuerdo con los padres y los dueños del lugar de retiro en secreto, así los chicos pensarán que están teniendo un día adicional.

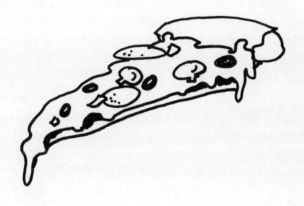

PARTIDO
compartido

Un grupo de jóvenes que conocemos les pidió a treinta y cinco voluntarios de su iglesia que prepararan comida casera. Luego fueron por las calles e invitaron a la gente sin hogar a que vinieran a disfrutar de un plato de comida caliente. Sin embargo, se trataba de una doble sorpresa: ¡también estaban invitados a ver un partido de fútbol! (Puede ser algún partido importante en donde participe la selección nacional o cualquier otro que sea atractivo para todos).

El grupo de jóvenes les había pedido además a los miembros de la iglesia que fueran a comer por un precio muy bajo, por lo cual todo se transformó en un gran acontecimiento social. Las ganancias fueron donadas al hogar de caridad y la congregación disfrutó de la camaradería, la comida y el partido.

FOTOS

a granel

A los jóvenes les encanta verse en el espejo, una fotografía o cualquier parte. Puedes usar esta característica tan propia de la edad a fin de crear un recuerdo duradero para ellos.

Invasión

EN LA ESCUELA DOMINICAL

Imagina lo siguiente: Han transcurrido quince minutos en tu clase de la Escuela Dominical y un policía uniformado ingresa al salón. Él pregunta si puede hablar con Rubén Rodríguez. No, el chico no está en problemas, el oficial solo quiere hablar con él. El policía escolta a Rubén hasta el estacionamiento, donde tú te encuentras en tu automóvil, listo para llevarlo a desayunar.

Si no puedes encontrar a un oficial de policía, utiliza a un padre, el pastor, o cualquiera que pueda interrumpir una clase con autoridad y causarle al chico un poco de vergüenza.

¿El objetivo? Has invadido el programa habitual de la Escuela Dominical para pasar un tiempo a solas con uno de los jóvenes. Seguramente se perderá la enseñanza de esa mañana, la cual es probable que ya la hubiera olvidado para el martes (siendo generosos), pero recibirá una «lección» que nunca olvidará.

RETIRO
en el Sheraton

Está bien, no es el Sheraton, pero puede parecerlo comparado con un montón de lugares a los que has llevado a tu grupo para celebrar un retiro. Esta idea funciona mejor con grupos pequeños, pero también puedes hacerlo con un grupo más numeroso.

Prepara a tus jóvenes para el retiro tal como lo haces habitualmente. Inventa un nombre para algún campamento ficticio y diles a los chicos que se preparen para un fin de semana de retiro normal (bolsas de dormir, linternas, repelente de insectos y ese tipo de cosas). Mientras tanto, busca un hotel a unas dos o tres horas de la ciudad en el que te ofrezcan una tarifa especial de fin de semana. Por cierto, muchos hoteles tienen tarifas más razonables los fines de semana que los días laborales, y además tal vez puedas hospedar hasta cuatro chicos por habitación. Las tarifas fuera de temporada son más bajas aún, así que ponte a buscar.

La diversión comienza cuando el autobús está avanzando por la carretera y dices: «¿Saben qué? Cambié de opinión. Vamos a ver si conseguimos algunas habitaciones en un hotel. ¿Qué les parece?».

Un grupo que conocemos reservó cuatro habitaciones en un hotel de tres estrellas con piscina climatizada, cancha de tenis cubierta y un minigolf. Además, como llegaron a un acuerdo con la comida, en realidad todo salió más barato que si hubieran ido a un lugar de retiro.

De todos modos, sabemos que los líderes de jóvenes más veteranos probablemente extrañarán las literas de los campamentos.

CARTA CON AUDIO I:

«tu misión, si decides aceptarla...»

Para un adolescente, la única cosa más emocionante que recibir una carta es recibir una carta abultada.

Imagina esto: Tienes quince años y tu madre grita: «Aquí hay una carta para ti». Corres hasta la mesa de la cocina y ves un sobre con tu nombre, lo abres y encuentras... ¿un CD? También contiene una nota que dice: «Deseaba que supieras lo importante que eres». Pones el CD y escuchas una voz familiar. Se trata de tu líder de jóvenes preferido. Te está hablando a ti, diciéndote lo importante que eres para Dios y cuánto le gusta a él pasar tiempo contigo. Te dice que sabe que Dios tiene un futuro increíble para ti. Comparte un versículo que ha estado en su mente durante el día y describe al Rottweiler que está a punto de saltar de la camioneta que va delante de su automóvil.

«Soy muy malo escribiendo cartas», concluye el CD, «por eso pensé en grabarte una mientras conduzco hacia el trabajo hoy». Cómprate una pequeña grabadora y guárdala en el automóvil para cuando tengas ganas de hablar con uno de tus jóvenes.

VÍDEO
de cumpleaños

En lugar de gastar un montón de dinero en tarjetas de cumpleaños, haz un vídeo de cumpleaños. De acuerdo, el adolescente no va a poder colgarlo en la pared de su dormitorio, pero una «videotarjeta» no terminará en la basura con las demás postales. Si le dedicas un poco de tiempo y esfuerzo, el resultado será increíble.

Alguna noche que el adolescente en cuestión no esté en su casa, siéntate con sus padres, toma su álbum de fotografías, y pídeles que hagan un recorrido visual de la vida de su hijo o hija a través del álbum. Por supuesto que fuiste preparado con tu filmadora y capturarás toda clase de fotografías, incluyendo algunas algo embarazosas.

Luego entrevista a algún antiguo maestro de la Escuela Dominical, amigos, familiares y entrenadores, y pídeles que te cuenten historias sobre el joven cumpleañero.

El grupo de jóvenes es el lugar perfecto para pasar este vídeo, aunque algunos chicos se pondrán tan celosos que esperarán que hagas lo mismo para *sus* cumpleaños.

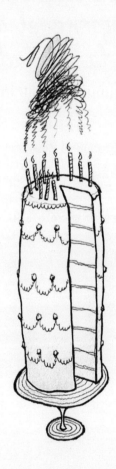

DESASTRE PREPARADO II:
se descompone el autobús en la ciudad

En esta ocasión el autobús se descompone en alguna zona mala de la ciudad, en la cual tú has hecho arreglos de antemano (sin que se enteren los jóvenes) para que los chicos pasen la noche en un asilo para gente desamparada. Por supuesto, asegúrate de informarles en secreto a los padres sobre todo esto, o si no el próximo desastre preparado será la finalización de tu tarea como pastor de jóvenes.

ESCAPE
del dormitorio

En las primeras horas de la madrugada, el encargado de una de las habitaciones del campamento se levanta en silencio y con mucho cuidado camina en puntas de pie hasta el joven elegido. Siempre cauteloso, el consejero despierta al chico. «Shhh, no digas nada. Tengo un plan, pero debemos ser silenciosos. Vístete, nos iremos sigilosamente de aquí».

En este punto pueden darse diferentes opciones. Sabemos de un líder y un joven que fueron a escondidas hasta la orilla de un lago, con mucho cuidado desamarraron una canoa, remaron hasta un restaurante situado al otro lado, y disfrutaron de un desayuno delicioso y caliente.

Por supuesto, el día anterior tienes que hacer arreglos para que la canoa esté disponible. Y si en realidad eres osado, luego de la aventura dile al joven que la excursión es un secreto solo entre tú y él, «o si no, tú sabes, todos querrán hacer lo mismo». De esta manera, al día siguiente puedes despertarte temprano y escabullirte con *otro* chico de tu cabaña.

Esta es una gran oportunidad para tener un momento a solas con el joven, el cual regresará a su casa con un gran recuerdo. Además, una mañana, al menos los dos comerán una comida *de verdad*.

ILUSTRA
con los Jóvenes

Haz a un lado tu libro de ilustraciones para sermones. Tus jóvenes pueden ser una fuente mucho más rica que cualquier libro para ilustrar tus lecciones. De esta forma, ellos sentirán no solo que los tienes en cuenta, sino también que los valoras, de modo que lo recordarán por un buen tiempo.

De acuerdo, suena simple, pero inténtalo. Sorprende a uno de tus jóvenes haciendo algo bueno, preséntalo como un ejemplo, y utiliza este incidente a fin de ilustrar lo que quieres decir. Por ejemplo, si tu texto es Lucas 11:5-8 y deseas ilustrar la persistencia, podrías comentar:

> *Tal vez escucharon que a Pablo lo sacaron del equipo de fútbol de su escuela. Le pregunté cómo se sentía y su honestidad me sorprendió. Me dijo que seguramente no merecía estar en el equipo, porque su estado físico no era lo suficiente bueno. También me dijo que desea estar en el equipo el año que viene y sabe que esto implicará realizar un entrenamiento específico y persistente. Pablo no se dará por vencido con su sueño.*

Te sorprenderá ver cuántas ilustraciones se presentan en el grupo de jóvenes cada semana y cuán alentador es para el grupo y los jóvenes en particular.

PEDIDO DE MANO
con (no a) tus jóvenes

Esta idea se le ocurrió a un líder que quería que sus jóvenes compartieran un momento personal sumamente trascendente en su vida: su compromiso. No es ningún secreto que el ministerio juvenil tiene que ver con compartir momentos especiales de la vida de los chicos. Sin embargo, el mensaje que transmite esta idea es que ellos te importan de tal manera que deseas que compartan algunos momentos de tu vida personal también.

Un líder voluntario de jóvenes (al cual llamaremos Carlos) hizo que su compromiso fuera inolvidable para su futura esposa y su grupo de jóvenes. El día comenzó con un picnic en la playa, donde la novia encontró un mensaje en una botella de parte de «un hombre en una isla desierta». La botella fue colocada en el lugar por uno de los jóvenes del grupo y también había un chico escondido detrás de la torre del salvavidas, filmadora en mano, captando furtivamente el gran acontecimiento. Otros chicos actuaban como turistas, los cuales «casualmente» se reunieron y comenzaron a cantar canciones de amor. Algunos jóvenes representaron por medio de una actuación el momento en que la pareja se conoció. Por último, también con la participación de los chicos, fueron agasajados con una deliciosa comida, rosas y una tarjeta con la Gran Pregunta.

Esta pareja tiene una historia muy creativa que contarles a sus nietos, y todos los jóvenes involucrados en el suceso tienen un poderoso recuerdo lleno de amor, sorpresas y formas de hacer que los momentos especiales sean inolvidables.

Puedes intentarlo también con otros acontecimientos especiales como aniversarios, cumpleaños, graduaciones, el día de las madres, el día de los padres, el día de San Valentín, etc.

TRAVESURA PLANEADA I:
empapelado con contraataque

He aquí una vieja travesura con un nuevo giro. Planea con algunos de los jóvenes llenar de papel higiénico el frente de la casa del pastor. Como valoras tu relación con el pastor (sin mencionar tu puesto como líder de jóvenes), planifica anticipadamente con él un contraataque con varios miembros de la junta pastoral. En medio de la noche, justo cuando los chicos estén entrando a hurtadillas en el jardín de la casa, el pastor y su banda de alegres ancianos saldrán de entre los arbustos con gritos de guerra y lanzando globos de agua.

EL BUEN SAMARITANO
en un Chevy

¿Estás planeando un estudio bíblico sobre la parábola del buen samaritano? Una media hora antes de que comience el estudio, y a una o dos cuadras de la iglesia (en el camino que la mayoría de los chicos toma para llegar), haz que haya un «automóvil averiado» con el conductor haciendo señas para que alguien lo ayude con una rueda ponchada. El conductor deberá ser una persona con un origen racial diferente al de la mayoría de los chicos, y quizás es mejor que se trate de una mujer con niños pequeños, de modo que los transeúntes no tengan como excusa que se sintieron intimidados por un extraño amenazante.

Cuando comiences el estudio bíblico, la mujer entrará y no tendrás ningún problema en que los jóvenes comiencen a hablar sobre cuán fácil es pasar de largo frente a la gente necesitada.

RECUERDO TELEFÓNICO I:
sorpresa con el altavoz

David Letterman ha hecho todo un arte de las llamadas espontáneas. Esto es algo que un grupo de jóvenes puede hacer fácilmente (y genera interesantes recuerdos). Todo lo que se necesita es un teléfono básico con altavoz y un cable lo suficiente largo como para llegar al enchufe más cercano. ¿No hay enchufes telefónicos en el lugar donde se reúnen? Usa un teléfono celular y conéctale un altavoz. Luego comienza a hacer llamadas inolvidables:

• Llamen a los miembros del grupo que no están presentes esa noche en el grupo de jóvenes.

• Lleva el teléfono con altavoz a un retiro y todas las noches permite que uno de los jóvenes llame a sus padres.

• Encuentra a un padre o una madre que cumpla años esa noche y haz que todo el grupo le cante «Feliz cumpleaños».

• Cántenle «Feliz cumpleaños» a su pastor (el día de su cumpleaños).

• Llamen a un miembro del grupo que está en el hospital.

• Llamen a los padres del pastor de jóvenes y pregúntenle cómo era el líder durante la adolescencia.

• Llamen a un joven ya graduado del grupo que está lejos en la universidad.

LIMPIEZA
general

Siguiendo el ejemplo del Señor en Juan 13, haz que los jóvenes se laven los pies unos a otros. En el centro de un círculo de no más de diez chicos, dispón dos o tres palanganas pequeñas con agua y algunas toallas. Una música de fondo apropiada o canciones cantadas por el coro ayudarán a crear un ambiente de ceremonia (tranquilo, reflexivo, de oración). Uno a uno, los jóvenes lavarán los pies de otra persona.

Es posible organizar el momento con variaciones como estas: los participantes pueden lavar los pies de una persona a la que han llegado a conocer mejor, una persona por la cual se han sentido amados genuinamente, una persona a quien en realidad admiren, una persona con la que les gustaría fraternizar más.

Este acto de humildad les da a los chicos un vívido recordatorio de que somos llamados a ser siervos. La entrega desinteresada es una cosa rara en la sociedad de hoy, pero será recordada si se graba en sus mentes de forma visual.

CÍRCULO
de afirmación

La mayoría de los jóvenes que conocemos anhela recibir estímulo y apoyo, en especial de parte de sus compañeros. Puedes ayudar a satisfacer esta necesidad con un estímulo que cambiará sus vidas. Se trata de separar un momento durante la última noche del campamento para que tus jóvenes se afirmen unos a otros mencionando las cualidades del carácter.

Si es posible, organiza a los chicos en grupos de no más de doce. Proporciónale a cada uno un lápiz y tantas tarjetas como personas haya en el grupo. Luego pídeles que escriban una, dos o tres cualidades (dependiendo del tamaño del grupo y el tiempo del que dispongan) que aprecien de cada uno de los integrantes de su pequeño colectivo. (En cada tarjeta deben estar los rasgos característicos de una sola persona.)

Luego reúnelos a todos en un círculo y elige a alguien para ser afirmado. Los miembros de su grupo leerán lo que han escrito sobre esta persona y luego le darán «sus» tarjetas como un recordatorio de las palabras de estímulo y afirmación. Haz esto con todos. Te sorprenderá ver cómo el estímulo genuino de los compañeros puede afectar al grupo de jóvenes entero.

CARTA CON AUDIO II: *sorpresa matinal en el automóvil*

Consigue la cooperación de los padres o un amigo de un joven para esconder el CD que grabaste (con un cumplido, unas pocas palabras de aliento, un pensamiento bíblico o simplemente un saludo singular) en el equipo de sonido del automóvil en el que el adolescente irá a la escuela. Asegúrate de que tu cómplice ponga el CD, encienda el equipo y suba el volumen, de manera que el CD comience a sonar apenas se encienda el automóvil (o si no es el propio auto del joven, tan pronto como entre al vehículo que lo llevará a la escuela).

Entonces, en un deprimente lunes por la mañana, el motor se enciende y como por arte de magia un joven escucha tu voz: «Hola, Carlos, solo quería saludarte y hacerte saber cuánto valoro lo que compartiste en la reunión del grupo de jóvenes la semana pasada».

Esta también es una forma maravillosa que tienen los jóvenes de crear un momento inolvidable para sus padres (particularmente en el día de las madres o los padres).

VISITA
laboral

Los tipos de trabajo que probablemente tienen tus jóvenes por lo general son mal agradecidos y poco remunerados. Por eso siempre es muy agradable para ellos recibir la visita del pastor de jóvenes o uno de los voluntarios durante las horas de trabajo. Si las visitas en el horario laboral son apropiadas (es decir, si el joven no se busca problemas por ellas), estarán contentísimos de ver que te preocupas lo suficiente como para ir al lugar donde trabajan.

Luego de tu visita, y si el joven tiene automóvil, encuéntralo y déjale una nota de estímulo y una pequeña propina. Con seguridad no será la propina más grande que reciba, pero es probable que jamás se olvide de ella.

ESTA PATENTE OSCURIDAD
toda la noche

¿Necesitas un buen material para pasar una noche de vigilia? El reconocido novelista cristiano Frank Peretti te brinda una intrigante historia sobre guerra espiritual en su libro titulado *Esta patente oscuridad*. En él se muestran gráficas descripciones de demonios y ángeles, y de cómo ellos protegen y destruyen a la gente de un pueblo. El libro contiene todos los elementos atractivos de una novela de misterio, constituye un vívido retrato de la vida espiritual, y en verdad te lleva a pensar en la oración y el rol de los cristianos en su comunidad.

Por lo tanto, antes de tu próxima vigilia, compra la versión de la novela en audio (también puedes descargarla de la Internet) y programa tres sesiones de una hora para escuchar o leer el libro. Apaga todas las luces, enciende algunas velas, y prepárate para debatir sobre la batalla espiritual de la cual nos advierte la Biblia. Te aseguro que tus jóvenes no se olvidarán fácilmente de esa noche.

LLÉVALO

a la cruz

El perdón que Jesús otorga puede ser difícil de comprender. Por lo tanto, ayuda a los jóvenes a visualizarlo durante un campamento o programa especial haciendo que escriban anónimamente en un papel uno o varios pecados con los que están luchando en la actualidad. Luego de tu charla sobre el perdón, trae al frente una cruz de madera rústica que habrás armado antes de la reunión, colocando a sus pies un martillo y una caja de clavos pequeños. Invita a los jóvenes a pasar al frente y clavar sobre la cruz las confesiones que escribieron. Esta es una forma visual (y quizás emocionalmente intensa) de que los chicos entiendan el perdón de Jesús y el poder que él tiene para brindarles una nueva oportunidad.

EN EL CAMINO

Una camioneta bien grande, como las que se utilizan en las mudanzas, puede ser el sitio ideal para crear un recuerdo en verdad inolvidable. Alquila una y llénala con los muebles de la habitación de tu juventud (o muebles parecidos a los que tenías en ella): sillones, sillas de todo tipo, fotografías, afiches, radiograbadora, cualquier cosa. Decora el interior de la camioneta de manera que se asemeje lo más posible al dormitorio de tu juventud o la casa donde por lo general te reunías con tus amigos.

Prepara algo de comida y ya estás listo para llevar tu cuarto de reuniones a la carretera. Conduce hasta el lugar donde usualmente tienen la reunión e invita a los chicos a que suban a la camioneta. O si las leyes de tu estado lo permiten, recoge a los chicos en sus casas o la iglesia y luego llévalos a todos a otro sitio a fin de tener la reunión allí. También puedes conseguir a un voluntario para que conduzca, de modo que tú puedas estar a cargo de la reunión durante el trayecto. (Asegúrate de que la camioneta tenga una ventilación adecuada o necesitarás un libro sobre crear funerales memorables.)

DISCIPULANDO
al copiloto

Ya sea que hayas estado involucrado en el ministerio juvenil por diez meses o diez años, sabes que a los adolescentes les encanta ser los copilotos cuando te acompañan en el automóvil (y para lograrlo gritan, juegan carreras y se empujan). Los jóvenes quieren sentirse importantes, adultos y valorados, y muchos se sienten de esta manera cuando ocupan el asiento delantero, al lado del conductor.

Por lo tanto, aprovecha todos los encargos personales que debes hacer y pídele a uno de los jóvenes que te acompañe. Algunas de las mejores conversaciones que hemos tenido con los adolescentes se han desarrollado mientras comprábamos comida o íbamos a la ferretería. Incluso sin una guía a seguir, este es un momento ideal para realizar un discipulado de incógnito.

El día que Andrés y yo construimos una casa para el perro, condujimos por la ciudad buscando madera y tejas, y hablamos de todo un poco. La casa para el perro fue un fracaso (duró solo un invierno). Sin embargo, a juzgar por las conversaciones que he tenido con Andrés desde entonces, el recuerdo de ese día ha perdurado un largo tiempo en su memoria.

Ya sea que los chicos te acompañen a hacer alguna diligencia o trabajen en tu casa, estos tiempos fuera de agenda constituyen una manera genuina de que los jóvenes *vean* al Jesús del cual escuchan los domingos viviendo de lunes a sábado.

ESTE
es tu día

Escoge a un joven especial de tu grupo que esté necesitando una gran dosis de estímulo, o a uno al que quieras recompensar por sus avances en el proceso de discipulado. Entonces dedica la próxima reunión a este adolescente. Cuelga carteles con su nombre por todo el salón. Consigue fotografías de cuando era bebé. Muestra vídeos con entrevistas a sus maestros, amigos y padres en los cuales se destaquen las cualidades especiales que han observado en él. Haz que todo el grupo de jóvenes se involucre pidiéndole que preparen un juego de preguntas y respuestas sobre su vida. Luego compartan una breve reflexión acerca de una de las características distintivas que él modela (un rasgo que pueda aplicarse a todo el grupo).

El tiempo que pasas preparando esto representa una pequeña inversión en la vida de un joven que traerá resultados sumamente positivos, los cuales quizás nunca llegues a conocer por completo.

TRAVESURA PLANEADA II:
escape de la Escuela Dominical

Si nunca has deseado, al menos una vez en tu vida, escaparte de la Escuela Dominical, simplemente no eres normal. Y no te hagas ilusiones... ¡tus jóvenes no son la excepción!

¡Así que solo hazlo! En especial si tienes un grupo pequeño, no es difícil salir a hurtadillas del salón de clases, avanzar silenciosamente por el pasillo, dejar el edificio, y escaparse hasta la cafetería de la esquina con algunos de tus chicos.

Si tu grupo es muy grande para salir de la iglesia de modo inadvertido, ponte de acuerdo con uno de tus líderes para que salga de incógnito con un grupo pequeño.

Y aquí es donde comienza la diversión. Cuando llegan a la cafetería, ¿a quién encuentran bebiendo una taza de café descafeinado? ¡Al mismísimo pastor! Por supuesto que todo está planeado, pero simula sentirte avergonzado y pregúntale si no quiere unirse al grupo.

De este modo comenzará una audiencia privada de tu grupo con el pastor (y lo que puede llegar a ser el domingo de Escuela Dominical más inolvidable que alguna vez hayan tenido tus jóvenes). Y hay algo más: como la mayoría de los chicos no tiene dinero, el pastor puede pagar la cuenta. Solo estará experimentando lo que tú vives todas las semanas.

EL RECORRIDO
de tu vida

Esta será una clase que durará todo el día. Comienza con una visita matutina a la sala de maternidad de un hospital, donde guiarás una conversación sobre los sueños y temores que los padres de los chicos pueden haber tenido el día que ellos nacieron. Luego continúa a través de las diferentes etapas de la vida: una parada en una escuela primaria, un parque de juegos (que esté completo, con hamacas y todo tipo de artefactos infantiles para treparse, etc.), una escuela secundaria, una universidad, dos o tres lugares de trabajo en la ciudad (de baja y alta categoría e independientes), un hogar de ancianos y finalmente una última parada en una funeraria.

En cada lugar, anima a los chicos a registrar sus pensamientos en un diario o compartirlos con el grupo. Cada sitio, es decir cada etapa de la vida, plantea preguntas y temas de discusión que llevan a la reflexión. Utiliza la pequeña capilla que probablemente tendrá la casa funeraria para guiar ya sea una experiencia de adoración o un compromiso de servicio, lo que tú elijas.

RETIRO
en la cima del mundo

Esto requerirá algunas llamadas telefónicas, pero es algo que los chicos nunca olvidarán, en especial si tienes en mente esquiar en la nieve.

La mayoría de los grandes complejos para esquiar posee algún tipo de alojamiento en el lugar donde arriban los teleféricos o cerca de él, en la cima de la montaña (pueden ser muy precarios o muy suntuosos). Cualquiera que sea el tipo, estará bien siempre y cuando tenga baños de alguna clase. Ponte en contacto con el complejo y consulta si puedes reservar ese lugar para pasar toda una noche «en la cima del mundo».

Un líder de jóvenes que conocemos organizó un minirretiro la noche de Año Nuevo en una estación de esquí en la cima de la montaña de Poconos. Había acordado con la administración del hotel que sus chicos estarían en la cima luego de que los teleféricos dejaran de funcionar ese día. El complejo le permitió pasar la noche allí con sus chicos, y todos durmieron en bolsas de dormir en el comedor (un voluntario llevó las bolsas y otras provisiones por el camino de servicio hasta el tope de la montaña).

Con un poco de suerte y algún dinero adicional, puedes persuadir al complejo de esquiar a fin de que prepare la cena para tu grupo. O al menos probablemente podrán cocinar sus propias hamburguesas y salchichas afuera.

Imagina a tu grupo disfrutando juntos en la cima de la montaña, reunidos alrededor del fuego, y luego completando todo con vídeos, juegos y un devocional durante un amanecer como jamás lo han visto en su vida.

DESASTRE PREPARADO III:
apagón

Sin que nadie se entere, planea un apagón durante la última noche del campamento. La oscuridad absoluta limita tus opciones para realizar actividades, pero incrementa tu potencial a fin de conversar y recordar. Cuando uno está en total oscuridad, pasa horas divirtiéndose alrededor de una fogata, en bolsas de dormir a la luz de la lámpara de queroseno en el comedor o la capilla, o escuchando maravillosas historias de suspenso.

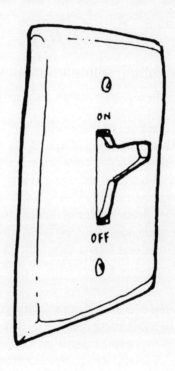

CARTA
de Dios

A muchos chicos se les hace difícil creer que la Palabra de Dios es en realidad relevante. ¿Qué podría decirles la Biblia a ellos y sus problemas y pasiones? Haz la prueba de escribirle una carta a uno de tus jóvenes; una carta compuesta por varios versículos bíblicos puestos juntos, parafraseados lo suficiente como para que se lean de forma fluida. (Solo ten cuidado de no cambiar el significado de los versículos por el contexto que les das.*) Si realizas una buena selección, puedes elaborar una carta con un significado genuino y muy valioso para el joven.

(Cuando recién comenzaba mi ministerio, alguien me envió de forma anónima una carta como esta. No puedes imaginarte cuánto significó para mí. La pegué en la primera página de mi agenda anual y la llevo conmigo desde entonces).

Querido Antonio:
Yo te he creado, te he llamado por tu nombre. Eres precioso ante mis ojos y me regocijo en ti con alegría. En realidad, te he llamado para que tengas comunión con mi hijo, Jesús. Te enseñé a caminar en mis caminos, aun cuando no te dabas cuenta. Por eso, búscame día tras día y desea con todo tu corazón conocer mis caminos. Continúa conociéndome cada día un poco más y te responderé, tan cierto como que sale el sol o como que la lluvia de primavera

riega la tierra. Ven y contempla mi hermosura, Antonio. Derrama tu corazón como una ofrenda ante mí y descubre el alivio que hay en mi presencia.

Te amo
Tu Padre celestial

(Antonio, el texto de esta carta está tomado directamente de la Palabra de Dios. Aquí puedes encontrar los versículos en el orden en que aparecen: Isaías 43:1, Isaías 43:3, Sofonías 3:17, 1 Corintios 1:9, Oseas 11:3, Isaías 58:2, Oseas 6:3, Salmo 27:4, Lamentaciones 2:19, Hechos 3:19).

* Resulta horriblemente fácil, por supuesto, usar esta idea para destruir el ego de un adolescente, distorsionar su percepción de Dios o arrasar con principios de interpretación bíblica mundialmente aceptados, todo por ignorar el contexto de los versículos. Un ejemplo extremo sería el siguiente:

Querido Pedro:
Por tu causa lloraré y gritaré de dolor; andaré descalzo y desnudo. Aullaré como el chacal y gemiré como el avestruz. Setenta reyes, con sus pulgares de las manos y los dedos gordos de los pies cortados, recogían migajas debajo de mi mesa. Sin embargo, tú podrás comer cualquier animal rumiante que tenga la pezuña hendida y partida en dos. De todos los animales que viven en el agua podrás comer los que tienen aletas y escamas.
Entonces tomarás un punzón y, apoyándole la oreja contra una puerta, le perforarás el lóbulo. Así se convertirá en tu esclavo de por vida.
Designarás un lugar fuera del campamento donde puedas ir a hacer tus necesidades. Así descubrirás el alivio que hay en mi presencia.
(Referencia de los versículos en orden: Miqueas 1:8, Jueces 1:7, Deuteronomio 14:6, Deuteronomio 14:9, Deuteronomio 23:12, Hechos 3:19).

CALZADO
para todo el mundo

Los corredores de verdad solo usan su calzado deportivo un cierto número de kilómetros y luego lo reemplazan, ya que la suela se vuelve compacta, es decir, se pone dura, y una suela así puede causar estrés en la tibia y lastimar las rodillas. Sin embargo, fuera de eso, el calzado todavía está en excelentes condiciones, y a la gente que necesita zapatos de forma desesperada no le importa si la suela está dura o no.

Pídeles a tus jóvenes que comiencen a preguntar por este tipo de calzado en los alrededores de las tiendas que venden equipamiento para atletas. Con algunos pocos folletos que dejen en los mostradores de estos negocios, te pondrás en contacto con corredores que estarán felices de regalar sus zapatos. Una vez que tus chicos hayan reunido una o dos cajas con calzado deportivo, llévenlos a un refugio para desamparados y distribúyanlos. Esta es una forma fácil de involucrar a algunos de tus jóvenes en un proyecto misionero que no implique cruzar la frontera.

LEVANTA
un Ebenezer

Probablemente has escuchado el término «Ebenezer» en la Biblia y algunas canciones. Sin embargo, ¿de qué (o de quién) se trata exactamente y cómo puedes levantar uno?

En primer lugar, Ebenezer significa específicamente *piedra de ayuda*, y fue una piedra que el profeta Samuel dispuso para conmemorar una victoria militar sobre los filisteos (1 Samuel 7:10-13). «El Señor no ha dejado de ayudarnos», dijo, elevando el monumento de piedra. Por lo tanto, la próxima vez que esté finalizando un retiro o un campamento, pídeles a tus jóvenes que caminen por los alrededores y recojan una piedra que simbolice cómo Dios ha obrado en ellos durante el retiro. Luego deben guardarla y llevarla al lugar donde se reúne el grupo todas las semanas. Allí puedes guiarlos para tener un «servicio Ebenezer», pidiéndoles que apilen todas sus piedras y formando así... ¡un Ebenezer moderno! Construyan su propio altar conmemorativo en la entrada de la iglesia, un salón de la Escuela Dominical, la sala de jóvenes misma, afuera donde pueda verse con facilidad, o en cualquier lugar que les recuerde a tus jóvenes la bondad de Dios y las decisiones que tomaron durante el campamento o retiro.

Una dulce
CARTA

En tu camino a casa, detente en un quiosco y compra varias golosinas (no solo una). Selecciona aquellas cuyos nombres puedas incorporar en una carta de afirmación para uno de tus jóvenes.

Luego escribe la carta en una gran hoja de cartulina y pega las golosinas en el lugar de las palabras que estas reemplazan.

TRAVESURA PLANEADA III:
ataque y contraataque al dormitorio

Se trata simplemente de un ataque con globos de agua a otro dormitorio a las dos de la mañana. O eso es lo que les permitirás creer a los chicos de tu cabaña. Lo que tus campistas no saben es que has hecho un arreglo secreto con el consejero del otro dormitorio.

Así que tus chicos salen a hurtadillas en la oscuridad, esperando empapar a las dormidas y desprevenidas víctimas. Mientras tanto, las «víctimas» se han escondido afuera, en los alrededores de su dormitorio. Justo cuando los atacantes entran y descubren que no hay nadie, ellos salen de sus escondites dando gritos y empapándolos. Esta es una masacre que será recordada por largo tiempo.

FUTURO
novato

El primer año de secundaria puede ser una transición traumática para los chicos. Quizás puedas hacerla un poco más fácil con una carta personal a uno o varios de tus jóvenes que comienzan esta nueva etapa. Anímalos diciéndoles lo que Dios puede lograr en ellos durante estos años. Adviérteles con respecto a las presiones que probablemente enfrentarán. Dales alguna cosa por la que luchar. Quizás puedas escribir algo como esto:

Querida Elisa:

¡Bienvenida a tu primer año de secundaria! Ha sido fantástico haber podido conocerte mejor este verano y estoy emocionada por el hecho de que seas parte del grupo de jóvenes mayores. Los próximos años vivirás una verdadera aventura y tengo fe en que tienes lo que hay que tener para sobrevivir en la secundaria e incluso triunfar allí también. Cuando hablo de sobrevivir en la secundaria no me estoy refiriendo a evitar que alguien de los años superiores te meta en un basurero, sino me refiero a una supervivencia espiritual. He observado a un montón de jóvenes que fueron abrumados por las presiones y las tentaciones, y finalmente se graduaron no solo de la secundaria, sino también de su fe. No es que no hubieran participado en suficientes estudios bíblicos, coros o viajes misioneros. Por lo general, lo que ocurrió fue que simplemente tomaron malas decisiones.

Durante los próximos años verás y escucharás muchas cosas. Con suerte, y algunas sabias decisiones de tu parte, te divertirás mucho y vivirás innumerables momentos positivos en los corredores, salones de clase, laboratorios y la zona de los casilleros. Sin embargo, inevitablemente verás y escucharás un montón de basura también (sobre fiestas, problemas sexuales, abuso de alcohol y drogas, y peleas como no has visto hasta ahora). Al principio todo esto te parecerá extraño, pero mientras más expuesta estés a tales cosas, más naturales e incluso glamorosas te parecerán. Y finalmente, las considerarás legítimas.

Por lo tanto, puede resultar difícil ser reconocida como una cristiana. Si dejas que tu fe sea conocida, algunos chicos te admirarán y otros te ignorarán. No obstante, si te mantienes firme y no negocias tu fe durante el primer año, te ganarás el respeto de muchos de tus compañeros. Poco a poco irán entendiendo que no eres solo una persona religiosa, sino que tienes una fe auténtica que sobrevive en la olla a presión que es la escuela secundaria. Tus amigos, mientras tanto, te respetarán y te apreciarán por tu integridad, por mantenerte firme.

Eres una chica popular, Elisa, y mucha gente te observará para ver cómo te desenvuelves en las situaciones difíciles, aunque quizás no te des cuenta de que lo están haciendo. Sin embargo, mirarán cómo hablas, cómo tratas a los demás, cómo actúas bajo presión. Te guste o no, los cristianos son observados. Yo creo en ti, Elisa. Y pienso que tienes lo que hay que tener para sobrevivir en la escuela secundaria e incluso tener éxito en ella como una cristiana que crece cada día más. Casi no puedo esperar para ver cómo las manos de tu buen y misericordioso Dios te moldearán durante los siguientes años. Quiero que sepas que puedes contar conmigo siempre, como una amiga y hermana. Espero con ansias que llegue ese gran día de la graduación, cuando mirarás hacia atrás y verás años que habrán sido a veces duros, a veces divertidos, pero que siempre fueron años en los que hiciste todo lo que pudiste para ser un ejemplo de cristiana.

¡Te quiero mucho y me importas!
Susana

COMPLETA
la oración

Piensa en algunas frases de afirmación, escríbelas, y luego fotocópialas en tarjetas de cartulina. Escribe solo el comienzo de algunas frases. Por ejemplo:

- Hoy estuve pensando en ti y...

- Estoy feliz de que estés en nuestro grupo de jóvenes porque...

- No creo lo que todo el mundo dice de ti porque...

Luego entrégaselas de manera formal o informal a tus jóvenes, animándolos a que terminen las oraciones y después le envíen estas tarjetas por correo a un amigo. Completa y envía algunas tú también para que los chicos ausentes sepan que estuviste pensando en ellos.

Doble fotografía, DOBLE BENDICIÓN

Y ahora, unas palabras del departamento de «¡Vaya, luego de todos estos años de hacer collages con fotos para el salón de jóvenes, deberían haber sabido que se me iba a ocurrir esta idea!»: Por unas pocas monedas más puedes obtener un segundo conjunto de impresiones fotográficas de tu grupo de jóvenes. Utiliza estas «segundas» copias como oportunidades para escribirles una carta de vez en cuando a tus chicos e incluir estos «trofeos» fotográficos en ella. Sabes bien que a los chicos les gusta recibir cartas y también les encanta verse en una fotografía. Este es solo otro recordatorio visual para un joven de que él o ella es importante para ti.

NOCHE
de fiesta

Si tienes la posibilidad de programar una actividad parecida a la fiesta de Navidad de la escuela secundaria, o a la fiesta de graduación de fin de año... ¡diviértete haciéndolo! Sírveles a tus jóvenes una cena en un lugar inusual (la azotea de la iglesia, una piscina vacía o un terreno desocupado). Pide prestado el automóvil más lindo que tenga algún miembro de la iglesia y sirve de chofer para los chicos. Busca alguna alfombra roja y colócala donde los jóvenes subirán y bajarán del automóvil. Solicítale también a un cómplice que filme todo lo que ocurra.

Concluye la noche a bordo de un camión (limpio) de carga y descarga, o incluso de un camión de bomberos si puedes hacerlo funcionar.

Pretende que tus jóvenes son de la realeza y luego deja que tu imaginación vuele y enloquezca a fin de proporcionarles una noche que jamás olvidarán.

DESASTRE PREPARADO IV:
autobús perdido

¿Cuál es la historia detrás de este creador de recuerdos? Bueno, una vez nosotros nos perdimos *de verdad* y esto se convirtió en parte de la tradición del grupo de jóvenes.

Un viernes por la noche, el grupo sale en autobús hacia el lugar donde se realizará el retiro. El conductor toma una ruta que ya ha calculado, la cual los dejará «completamente perdidos» en alguna parte en medio del campo. Pasan las horas y el grupo comienza a darse cuenta de la cruda realidad. Con un dejo de frustración en la voz, le dices al conductor (lo suficiente alto como para que te escuchen los chicos que están sentados en los primeros asientos) que buscarán algún camping o zona de descanso donde el autobús lleno de chicos pueda estacionar para pasar la noche. (Tú ya habrás dispuesto todo esto con anticipación, por supuesto. Puede tratarse de un área para picnic que permita pasar la noche allí, o una zona para acampar cuyo administrador haga el papel de alguien cascarrabias y reacio a ayudarlos, pero que finalmente accede a que pasen la noche. Por otra parte, llevarás a escondidas o con un pretexto una nevera con hielo, agua y otras bebidas, bocadillos, linternas, velas, papel higiénico y demás cosas por el estilo).

Sea como sea, lo que buscas es que los chicos permanezcan toda la noche en el autobús, contando historias, jugando, cantando, orando y acosando al conductor por haber hecho que se «perdieran».

El sábado muy temprano, uno de tus voluntarios le hace señas a un automóvil para que se detenga y resulta que el conductor del mismo conoce dónde se encuentra el lugar del retiro y accede a guiarlos hasta allí. Lo que los chicos no saben es que el conductor es en realidad otro de tus contactos, quien lleva al autobús a *otra* área para picnic, pero en esta los padres han preparado un gran desayuno caliente para todos.

Luego del desayuno, se dirigen al lugar donde se llevará a cabo el retiro para tomar una ducha caliente y continuar con el programa. Por cierto, esta es una forma de que los jóvenes comiencen a pensar en el tema del retiro, específicamente si el mismo trata de estar perdidos, encontrar el camino, hallar una luz en la ruta oscura, etc.

ADJETIVO
recargado

A los jóvenes les hace muy bien recibir palabras de aliento, incluso un simple estímulo como este:

Escribe el nombre del joven en el medio de una hoja de papel. Luego rodea el nombre con toda clase de palabras descriptivas que sean acordes a él o ella. Agrégale impacto a esta carta-regalo pidiéndole a alguien que tenga habilidad con la computadora o para hacer diseños que disponga las palabras de manera que la presentación luzca más formal. Para una presentación *realmente* formal, enmárcala.

generoso

amistoso *amable*

agradable

listo

alentador

RYAN

músico

divertido **paciente**

compasivo

SERVICIAL

AFICHES
personalizados

Ya conoces los afiches que se venden de manera habitual en las librerías cristianas: versículos bíblicos o alguna frase inspiradora impresos sobre paisajes, fotografías de atletas en acción, huellas en la arena, tiernos animales... ¿Estás listo para un cambio? ¡Diseña tu propio afiche del grupo de jóvenes!

Como ya sabes, hoy es posible tomar una imagen, agrandarla, agregarle un texto, e imprimirla sobre cualquier tipo de papel.

• Prolonga los recuerdos del campamento de verano con un afiche diseñado para el grupo donde aparezca impreso sobre la mejor fotografía que hayan tomado el versículo: «Estoy convencido de esto: el que comenzó tan buena obra en ustedes la irá perfeccionando hasta el día de Cristo Jesús» (Filipenses 1:6).

• Para recordar un proyecto de trabajo: «Que nadie te menosprecie por ser joven. Al contrario, que los creyentes vean en ti un ejemplo a seguir en la manera de hablar, en la conducta, y en amor, fe y pureza» (1 Timoteo 4:12).

• Para conmemorar la participación de uno de los chicos en los juegos con barro: «Y ustedes ya están limpios, aunque no todos» (Juan 13:10b).

Por supuesto, luego de haber colgado estos afiches en el salón de jóvenes durante un mes, quítalos y regálaselos (o véndeselos para recaudar fondos) a los chicos o sus padres.

Estoy convencido de esto: el que comenzó tan buena obra en ustedes la irá perfeccionando hasta el día de Cristo Jesús.

RECUERDO TELEFÓNICO II:
entrevista a un artista

Utiliza el altavoz de tu teléfono para añadirle una entrevista en vivo a una reunión. Probablemente puedas acordar una entrevista telefónica con el autor de un libro o el plan de estudios que están siguiendo (contacta al autor a través de la editorial o la dirección de su oficina). Incluso es posible conseguir unos pocos minutos en el teléfono con un cantante cristiano (haz tus propios arreglos con la compañía discográfica o el representante personal del artista).

Un líder de jóvenes que conocemos le mostró a su grupo un vídeo de Geoff Moore y The Distance (un cantante cristiano estadounidense y su banda). Mientras intercambiaban ideas sobre el vídeo, les dijo: «Pensé que podría interesarles hablar con la persona que escribió esta canción». Y allí mismo en el teléfono estaba Geoff Moore, con quien los chicos tuvieron la posibilidad de conversar sobre la letra de la canción, el vídeo y el mensaje que el artista quería transmitir.

Por supuesto, esto requiere mucho trabajo (y no todos los artistas están tan dispuestos a cooperar como Geoff Moore), pero el resultado de tal recuerdo bien vale la pena el intento.

Buenos días,
AMÉRICA

Un creador de momentos inolvidables con una eficacia ampliamente comprobada sigue siendo la vieja tradición de despertar a alguien. Solo hazle saber a los padres del chico lo que vas a hacer y lleva una filmadora contigo. He aquí algunas ideas que funcionaron bien para nosotros:

- Ve a la casa del joven disfrazado de gorila, así pensará que King Kong lo está despertando.

- Enciende un soplador de hojas justo en la ventana de la habitación del chico (o directamente en su cuarto).

- Lleva a algunos otros jóvenes contigo y ofrécele un desayuno de McDonald's en la cama.

- Despiértalo cantando villancicos de Navidad.

- ¿Es su cumpleaños? Despiértalo con una estrepitosa interpretación del «Feliz cumpleaños» y luego vayan a la cocina a desayunar un pastel.

AMO
esa ropa sucia

Este creador de recuerdos no es tanto para los jóvenes, sino para sus madres o quien sea que lave la ropa en la familia.

Haz una campaña en el grupo para que todos los chicos les escriban cartas a sus madres y las coloquen en los bolsillos de sus pantalones. ¡Cuando la mamá revise todos los bolsillos antes de poner la ropa en la lavadora, encontrará una carta de reconocimiento dirigida a ella!

Durante la reunión de jóvenes, entrégale a cada uno de los chicos cinco o diez tarjetas en las cuales escribirán una breve nota de agradecimiento a sus madres. Nada muy elaborado, solo un simple reconocimiento por hacer el trabajo sucio de la casa: «Querida mamá, gracias por lavar estos jeans mugrientos una vez más. Sé que no te agradezco muy seguido por todo lo que haces en casa, pero realmente lo valoro. ¡Eres fabulosa mamá!».

Un día determinado, los chicos comenzarán a poner estas notas de agradecimiento en los bolsillos de sus pantalones, una a la vez, antes de lanzarlos al canasto de la ropa sucia. Y en algún momento de esa semana, muchas madres permanecerán junto al montículo de ropa interior y calcetines sucios de sus hijos adolescentes con una inmensa gratitud en el corazón y hasta quizás lágrimas en sus ojos.

LA CAJA
DE RECUERDOS
del grupo de jóvenes

Tú la llamas caja de recuerdos. Tu cónyuge la llama caja de cachivaches. «¡Por el amor de Dios! ¿Por qué guardas ese pino de bolos?», te pregunta. En ese punto te pones un poco a la defensiva y comienzas a relatar una historia sobre el profundo significado emocional que ese pino de bolos tiene para ti. Si tu casa se incendiara, agarrarías a tu familia, tu agenda y esa caja.

Dejando a un lado a los cónyuges pragmáticos, ¿por qué no haces que tu grupo prepare una caja de recuerdos? Alguna noche, coloca una caja vacía delante de tus adolescentes y explícales cómo harán para guardar recuerdos de las actividades que están por venir: luego de cada uno de los eventos, tus jóvenes deben decidir cuál es el mejor artículo para recordar ese acontecimiento. Cualquier cosa puede servir: una paleta de ping pong destruida luego de una tarde de juegos, una bota para esquiar que se rompió durante la excursión a la nieve, un ladrillo del proyecto de trabajo, una nariz rota por un problema de disciplina, una corteza de pizza que quedó de la noche en vela que pasaron juntos (mejor impermeabilízala para que no se llene de moho). Luego, en la fiesta de fin de año, dediquen un momento a revisar la caja de recuerdos y hablar sobre los acontecimientos del año, las historias y los compromisos. Finalmente, reparte los tesoros como obsequios de despedida entre los jóvenes mayores que ya están por dejar el grupo.

TERCERA
a Timoteo

Podríamos decir que Pablo fue como un hermano mayor para el joven pastor Timoteo, quien probablemente leyó las dos cartas de su apostólico mentor con respeto y admiración por los acertados consejos que este cristiano más viejo le daba.

Esta misma relación que tenían Pablo y Timoteo se da a menudo dentro del grupo de jóvenes, aunque quizás no siempre resulte tan obvia, ya que los jóvenes de menor edad rara vez admiten que admiran a un compañero mayor. Sin embargo, nosotros sabemos lo efectivo que es el ministerio entre amigos y cómo los jóvenes se escuchan más los unos a los otros que a un adulto. Aprovecha esta tendencia pidiéndoles a algunos de tus jóvenes mayores que le escriban una carta al grupo de jóvenes. Quizás podrías pedírselo de esta forma: «Si pudieras decirle algo al grupo, ¿qué le dirías?». Si tu grupo es muy grande, quizás puedas solicitar que cada uno de los jóvenes mayores le escriba a una clase en particular. En el momento en que estos jóvenes se gradúen, haz que lean estas cartas de despedida en voz alta delante de todo el grupo. Algunas de ellas pueden ser dignas de ser enmarcadas y colgadas en el salón.

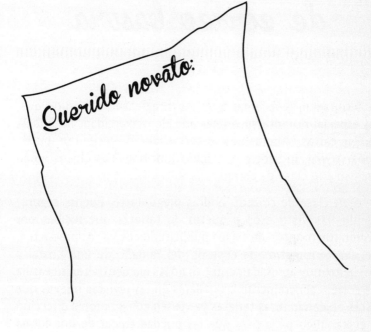

Querido novato:

TRAVESURA PLANEADA IV:

bienvenida con exceso de correo basura

No podemos recordar a un joven egresado del grupo que, en especial durante su primer año de universidad, no anhele recibir cartas. Ahora bien, este creador de recuerdos puede sonar trivial, lo sabemos... ¡pero funciona! Los chicos aman incluso *esta* clase de correo.

¿Qué clase de correo?, podrás preguntarte. Bueno, seguramente has visto esos paquetes de tarjetas que recibes por correo (un montón de avisos publicitarios de varios productos, de dos centímetros de espesor, del tamaño de una postal y envuelto muy apretadamente). Si no las encuentras en tu casilla de correo, seguramente las hallarás en las revistas nuevas que estás hojeando. Esas tarjetas ya vienen con su propia dirección y el franqueo pago para que las puedas enviar de una forma práctica y rápida.

He aquí lo que haremos: inunda a tu amigo novato con correo completando estas tarjetas gratuitas con la nueva dirección que el joven tiene en la universidad. El resultado: ¡Recibirá correo basura durante meses! (Aunque en realidad para los novatos que conocemos difícilmente exista tal cosa como el correo basura.)

Envíale una nota personal explicándole que has hecho algunos arreglos para que le llegue algún tipo misterioso de correo, así que cada vez que reciba algo extraño, deberá servirle como recordatorio de que lo amas. De este modo, cuando reciba muestras de revistas sobre temas que no tienen nada que ver con lo que le interesa, esto se convertirá en un recuerdo divertido de un líder de jóvenes que está allá lejos en casa pensando en él o ella.

KIT DE SUPERVIVENCIA
para la semana
de exámenes finales

Para un estudiante de la escuela secundaria, el final de un semestre es más extenuante que la inquisición española: además de los deberes de siempre hay toneladas de tareas atrasadas que entregar, los plazos para los trabajos y proyectos se han vencido, y los exámenes finales se avecinan rápidamente. «Tengo demasiadas tareas», se lamentan cuando les preguntas si vendrán al grupo esa semana.

Haz que esta época agotadora sea un poco más llevadera enviándoles a cada uno de los jóvenes un kit de supervivencia para la semana de exámenes finales que contendrá cosas esenciales para estudiar, como golosinas, un paquete de seis bebidas gaseosas, quizás algunos versículos alentadores, dos o tres marcadores de colores, y un enjuague bucal para los que se quedan trabajando toda la noche. (Mi regla general: Si tiene buen sabor y un alto contenido de azúcar, ponlo en el kit. Y si tus chicos pueden soportar una pequeña broma, incluye una fotocopia de tu diploma de secundaria con una nota que diga que tú ya no tienes que tomar más exámenes finales, de modo que puedes mirar televisión hasta la medianoche con total impunidad.)

Carta pre-campamento
DE LOS PADRES

Más o menos una semana antes de que los adolescentes de tu iglesia se vayan al campamento de verano, sugiéreles a sus padres que les escriban una carta a sus hijos, la cual leerán cuando lleguen al campamento.

Las cartas deben incluir palabras de los padres a los hijos que expresen afirmación, aprecio, estímulo… cómo los padres ven el compromiso cristiano del adolescente… la importancia de ese hijo o hija en el seno de familia… cuánto van a extrañarlo los días que no esté.

Algunos padres necesitarán algunas sugerencias (y quizás hasta un bosquejo) para comenzar a escribir. Por lo tanto, proporciónales algunos ejemplos de cartas de afirmación que has escrito o te han enviado a ti (y que no tengas problemas en compartir), así como cualquier asesoramiento o aliento que necesiten para escribirles a sus hijos. El objetivo principal es que los padres expresen su amor con palabras.

Una vez en el campamento, entrégales las cartas a los jóvenes y permíteles que tengan alrededor de media hora de privacidad y tranquilidad. Para muchos de ellos, estas cartas pueden ser un momento poco común de afirmación de parte de sus padres.

si
trabajas
con jóvenes
nuestro
deseo es
ayudarte

Nos agradaría recibir noticias suyas.
Por favor, envíe sus comentarios sobre este libro a
la dirección que aparece a continuación.
Muchas gracias.

vida@zondervan.com
www.editorialvida.com